COPYRIGHT © 1961 BY ANN DAVIDOW
originally published in English in the United States
under the title LET'S DRAW ANIMALS © 1960 by Ann Davidow
PUBLISHED PURSUANT TO AGREEMENT WITH GROSSET & DUNLAP, INC.,
NEW YORK, N.Y., U.S.A.

256.–307. Tausend 1971
Alle deutschsprachigen Rechte beim Boje-Verlag, Stuttgart
Satz: Vereinsdruckerei Heilbronn · Druck: Union Druckerei GmbH Stuttgart
Printed in Germany
ISBN: 3 414 14550 2

VORWORT

Liebe Kinder!

Wir zeichnen Tiere können wir wohl am besten ein Buch mit Zeichenspielen nennen. Es macht Spaß und ist überdies ganz einfach, Tiere Schritt für Schritt und Strich für Strich zu zeichnen. Vielleicht ist es noch lustiger und noch einfacher, wenn die einzelnen Stufen der entstehenden Zeichnung durch einen Kniff erleichtert werden. Ihr seht in diesem Buch, wie man zum Beispiel einen Wal aus einer Welle oder einen Seehund aus einer Mondsichel machen kann, und das nenne ich eben einen Kniff. Probiert es nur! Wie ihr es anpacken müßt, begreift ihr sofort, wenn ihr die Zeichnungen seht und die lustigen Verse dazu lest.

Natürlich merkt ihr gleich, um was für ein Buch es sich hier handelt. Aber vielleicht erkläre ich euch doch lieber, was dieses Buch n i c h t ist. Es ist nämlich kein Buch, das euch vorschreibt: So und nicht anders könnt ihr eine Maus oder einen Löwen zeichnen! Es gibt unzählige Arten, etwas zu zeichnen. Das ist das Wunder der Kunst. Ich versuche auf diesen Seiten nur, euch durch verschiedene Beispiele Anregungen zu eigener Gestaltung zu geben. Es ist nicht schwierig, den Grundzügen dieses Buches zu folgen, und wenn ich euch zuschauen könnte, würde ich erst dann zufrieden sein, wenn ich entdeckt hätte, daß meine Vorlagen und Beispiele euch Mut zu eigenen Einfällen und Zeichnungen gemacht haben. Das einzige, was hierbei zählt, sind Phantasie, Ausdruckskraft und der eigene Strich. Und das hängt allein von euch ab. Und wer bis jetzt vielleicht immer geglaubt hat, er könne nicht zeichnen, bekommt bestimmt Lust, einen Bleistift in die Hand zu nehmen und einen Versuch zu wagen.

Wenn ein junger Künstler unter euch sein sollte, habe ich die leise Hoffnung, daß dieses Buch vielleicht eine Art Sprungbrett für ihn werden könnte. Und ganz sicher weiß ich, daß jeder von euch viel Spaß daran haben wird.

Vielleicht sollten wir den Titel dieses Buches ganz einfach in eine Aufforderung umwandeln: Kommt, wir zeichnen Tiere!

Also, dann munter drauf los!

                                                            Herzlichst
                                                            Ann Davidow

MÄUSE

Ein großes und ein kleines Tröpfchen
ergibt am Schluß ein Mauseköpfchen.

Den Mausebauch samt Schwanz und Po
macht ihr ganz einfach aus dem O.

Den Käse lieben Mäuse sehr,

doch dich und mich weit weniger!

DIE VERWANDELTE BIRNE

Aus der 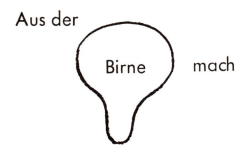 mach

den Bär

und ein Pferd, mein Schätzchen!

Oder einen Fuchs, schau her,

 oder auch ein Kätzchen.

Oder einen  Dackelkopf,

oder leg dazu

eine zweite Birne, dann
sind es ich und du!

SCHAFE

Nimm ein U
und dazu

links und rechts ein Vau
und ein kleines Ypsilon
und zwei Pünktchen. Schau!

Gib gelockte Wolle dran.
Schon schaut dich ein Schäfchen an.

Zeichne drei und vier und fünf.
Doch vergiß nicht Schuh' und Strümpf!

PAPAGEI

Krummes Häkchen, eins, zwei, drei:

Schon entsteht ein Papagei!

Schau, er schaukelt, und er spricht:
Kind, vergiß mein FUTTER nicht!

EULE

Mach eine Brille!
Siehst du? So!

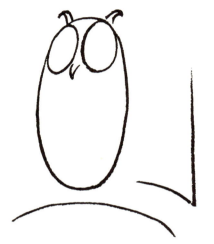

Und dann drei Häkchen und ein O.

Das ist die Eule.
Hör mal zu!
Sie macht bei Nacht:

U – huu!
U – huu!

SEEHUND

Aus der krummen Mondessichel
zeichnen wir den Seehund Michel.

Augen, Flossen,
Bart und Schwanz!

Na, wer kann's?

DACKEL

Aus dem Würstchen, lang und rund,

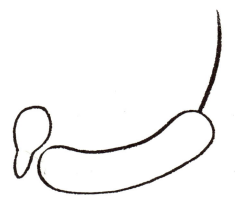

zeichnen wir

den Dackelhund.

FROSCH

 Zeichne eine 2, und dann

 hänge diesen Schnörkel dran!

Schau, ein Frosch sitzt, müd und matt, auf dem Wasserlilienblatt!

Nun mach aus diesem Drachendings

auch einen Frosch! Mach rechts und links ein Bein.

Da ist der Frosch!
Er springt sogleich
mit seinen Beinen in den Teich
hinein.

GLUCKE

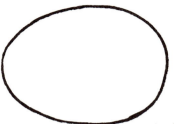

Aus einem Kreis in Form des Eis

wird eine Glucke, wie man weiß.

Aus kleinen Eiern — das ist klar —
entsteht dann eine Kükenschar.

HAHN

Zerbrochne Eier

zeichne dann,

und schon entsteht
der stolze Hahn!

SCHWEIN

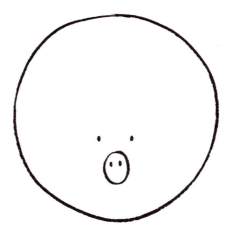

Aus dem Ballone, rund und stramm,
wird nach und nach die Schweinsmadam.

Auf den vier Pfoten, dick und feist,

grunzt sie nun: Nöff! (Was „servus" heißt.)

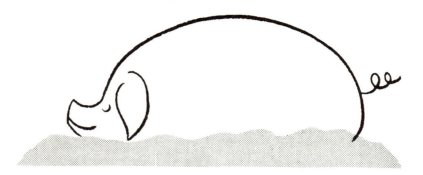

Sie liegt — das Schwänzchen hübsch gedreht —
im Matsch, der bis zum Bauche geht.

Sie ist sehr rund, sie ist sehr fett,

doch zu den Ferkeln ist sie nett.

ZIEGENBOCK

Hier seht ihr Billyboy von vorn,

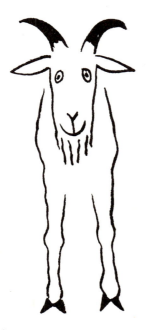

den Ziegenbock mit Bart und Horn.

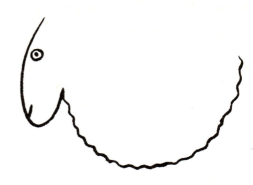

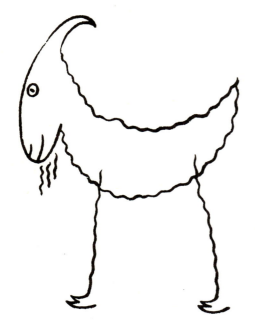

Hier zeigt er seitwärts, wer er ist.

Ob er wohl auch Konserven frißt?

KUH

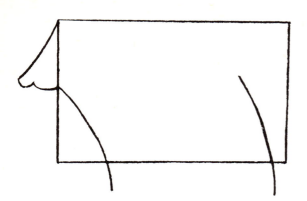

Die Kuh ist schwer zu zeichnen. Drum:

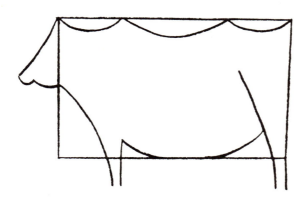

Leg einen Kasten drumherum!

Hier kaut die Kuh.

Hier macht sie muh.

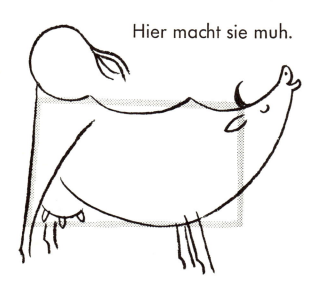

Hier schaut die Kuh dem Zeichner zu.

REHBOCK

Den Rehbock zeichne — wie wir's zeigen —

aus Vase, Blättern und zwei Zweigen.

Mach das Geweih dann schwarz und breit,
und stell ein Kitz ihm an die Seit'!

ENTEN

Aus einem D wird eine Ente.

Die würde watscheln, wenn sie könnte.

Als Füß' nimm etwas Petersilie.

Schon schwimmt die Ente samt Familie.

SPATZEN

So wie's den Pfennig gibt in Massen,

so gibt's die Spatzen auf den Gassen.

Die andern Vögel jagt der Spatz
am liebsten fort vom Futterplatz.

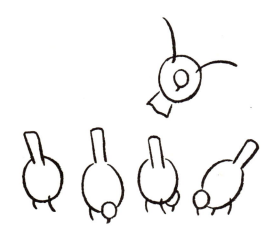

SCHNECKEN

Die Schnecken gehen niemals aus.

Denn wo sie sind, ist auch ihr Haus.

Doch ihren Weg und ihre Bahn

zeigt eine Silberspur uns an.

SCHMETTERLING

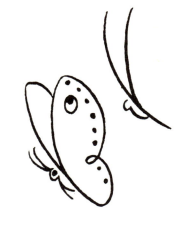

Flattre, flattre,
kleines Ding,

hübscher, kleiner,
bunter, feiner
Blumenfreund:
Herr Schmetterling!

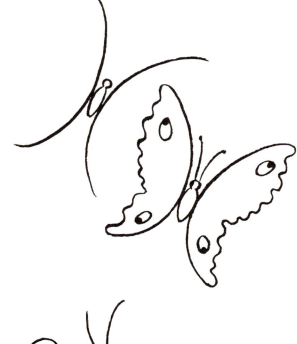

COCKERSPANIEL

Schlappohren und zwei braune Augen

und Beine, die zum Laufen taugen!

John, Henry oder Daniel,
so heißen Cockerspaniel.

PUDEL

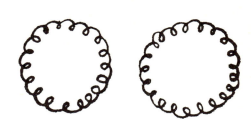

Zeichne zuerst zwei Schnörkelkreise!

Und zeichne auf dieselbe Weise

Hals, Auge, Bauch, vier Beine. Und:
Schon hast du einen Pudelhund!

EICHHORN

Mach aus der 3,
wenn's dir behagt,

ein Eichhorn, das
ein Nüßchen nagt.

KOALABÄR

Mit schwarzer Nas'
und Strubbelhärchen,

so macht man das
Koalabärchen.

Das Bärenkind
mit Kopf und Bein

    macht man genau so —
    nur in klein.

HASEN

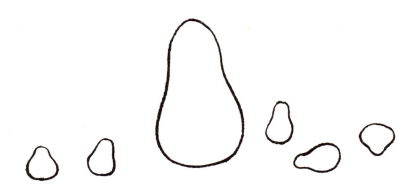

Aus Birnen mach Häschen,
mal groß und mal klein,

mit Ohren und Näschen
und Hoppelbein!

KATZEN

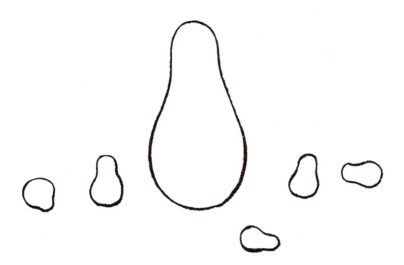

Aus Birnen mach Kätzchen,
mach Kater, mach Katzen,

sehr drollig, sehr mollig,
mit Bart und mit Tatzen!

BÄREN

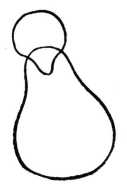
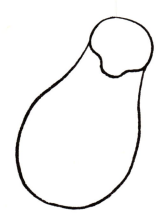
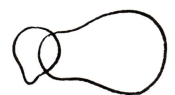
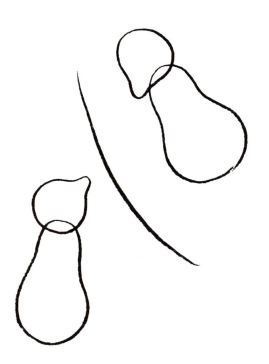

Aus Birnen mach Bären.
Ich will sie dir zeigen:

Beim Hüpfen,

beim Spielen,

beim Laufen,

beim Steigen!

PFERDE

Aus Birnen mach Pferde,
so aufrecht wie dies.

Und dann mach ein Pferdchen,

das grast auf der Wies'.

Nun führe die Pferde
mit hüh und mit hopp

zum Traben,

zum Springen

und dann zum Galopp.

KROKODIL

Das längste Lächeln auf der Welt,

das Grinsen, das uns kaum gefällt,

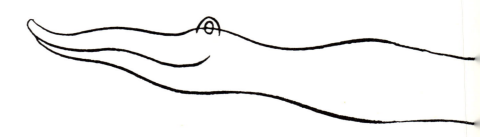

das sehen wir im Flusse Nil

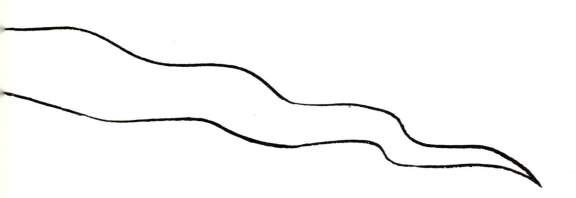

beim meterlangen Krokodil.

Es gähnt und fragt sich gleich darauf:

Uaah! Wen fress' ich heute auf?

STACHELSCHWEIN

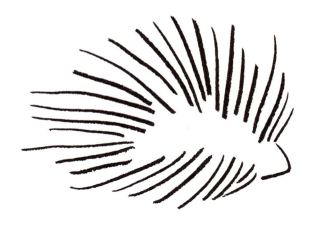

Eine Distel, nicht zu klein,
wird zum Schluß ein Stachelschwein.

Aber wundere dich nicht,
wenn das Stachelschwein dich sticht!

OPOSSUM

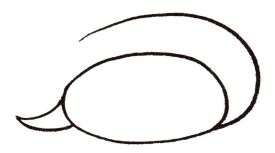

Nimm einen Brotlaib, Schwanz und Horn,
und das Opossum ist gebor'n.

Die Kinderschar — beseht's euch nur —
trägt es wie Perlen auf der Schnur.

SEEPFERDCHEN

Nimm eine Locke, hübsch gedreht,

damit ein Seepferd draus entsteht.

Ein rundes Bäuchlein zeichne du
und einen Stachelkamm dazu.

SCHWAN

Aus dieser 2 entsteht sogleich

ein stolzer Schwan auf einem Teich.

Weiß wie der Schnee, schwarz wie die Nacht,
er gleitet sanft, er gleitet sacht.

WALFISCH

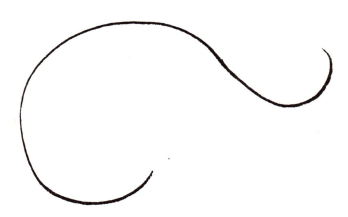

Diese Welle
zeigt uns schnelle

jene Stelle,
wo die Quelle
mitten aus dem Meer entspringt,
weil ein Wal dort spritzt und trinkt.

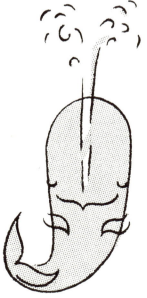

AFFEN

Aus schlanken Ranken zeichnen wir
die kleinen Affen — so wie hier!

Sie hangeln, klettern, schaukeln, und
sie sagen uns aus gutem Grund:

Die Kinder, die uns affig nennen,

die möchten selbst so klettern können!

DROMEDAR

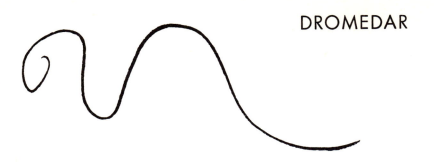

Dies könnte eine Schnecke sein.
Doch gleich ist es euch klar:

Das Tier, das einen Höcker hat,
das ist ein Dromedar!

KÄNGURUH

Die Linien hüpfen. Und im Nu

hüpft durch den Busch das Känguruh.

Das kleine Känguruh hüpft auch.
Denn Mutter trägt's im Beutelbauch.

GIRAFFE

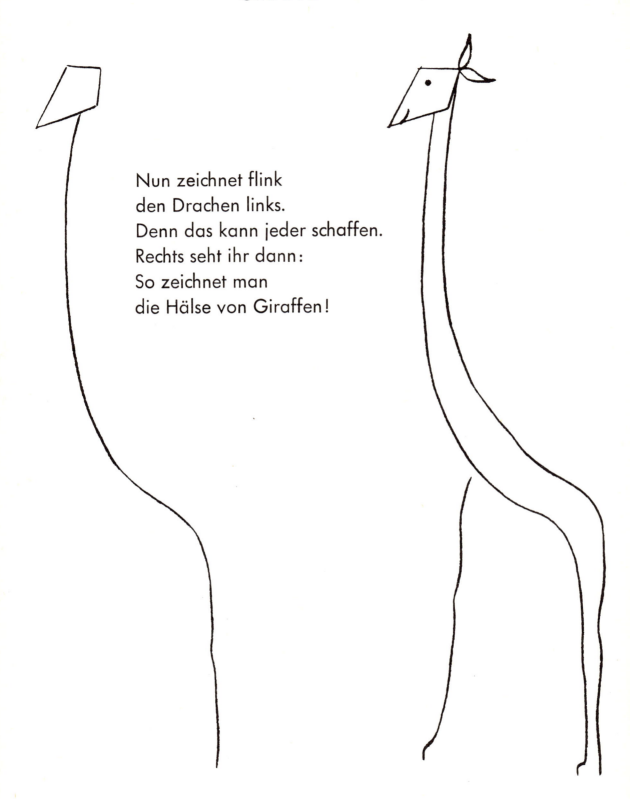

Nun zeichnet flink
den Drachen links.
Denn das kann jeder schaffen.
Rechts seht ihr dann:
So zeichnet man
die Hälse von Giraffen!

Gebt Ohren ihr,
gebt Hörner ihr
und Punkte eine Menge.
Sie ist sehr schlank
und schrecklich lang.
Wer zog sie in die Länge?

BUCHSTABEN-RATE-SPIEL

Wie wird zur Schildkröte O das O?   So: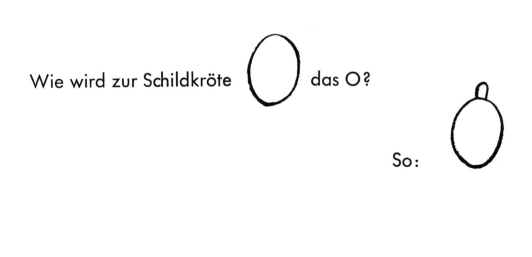

Wie macht man Häschen B aus den Bs?

Ich versteh's:

Wie macht aus QRS  man Kätzchen?

So, mein Schätzchen:

Wie wird aus P ein Papagei?

Ich bin so frei:

Wie wird aus einem kleinen l
Fisch oder Vogel?

Das geht schnell:

Nun nimm ein M und W und W,
ein großes E, ein kleines e,
und mach daraus ein Schwein.
Das geht fast von allein:

Nun, kannst du das? Macht es dir Spaß?
Versuch's nur! Es ergibt sich!
Ist's dir zu schwer, schau hinterher
auf Seite achtundsiebzig!

LÖWE

Dieses Zahnrad dreht sich nicht.

Zeichne darauf ein Gesicht!
Und schon siehst du, groß und mächtig,
mit der Mähne stolz und prächtig,

im Bilde hier
das Löwentier!

TIGER

Der Tiger hat zwar keine Mähne.
Doch weint er deshalb keine Träne.

Er hat darüber nie geschmollt,

denn er hat Streifen, schwarz und gold!

WALROSS

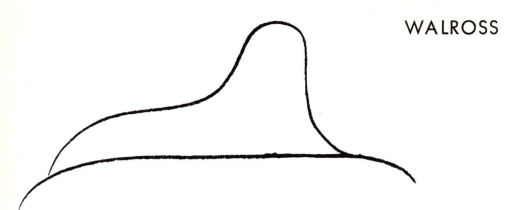

Aus diesem Eisberg zeichnen wir

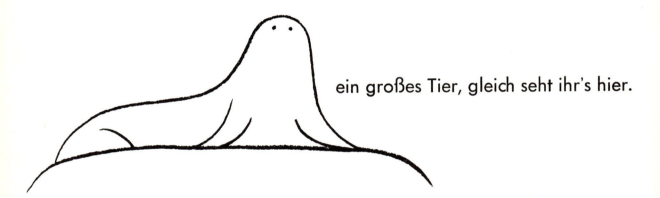

ein großes Tier, gleich seht ihr's hier.

Nun links ein Zahn und rechts ein Zahn.

Schon grinst uns breit das Walroß an.

PINGUINE

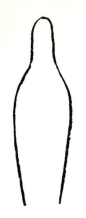
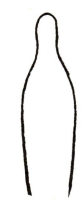

Wir zeichnen aus zwei Kegeln

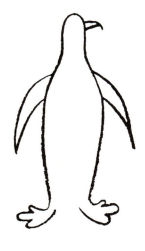

nun eine Art von Vögeln.

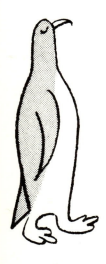

Am Frack erkennt jetzt jedes Kind,
daß es zwei Pinguine sind.

NASHORN

Aus diesem Sofa zeichnet ihr

ein ganz besonders wildes Tier.

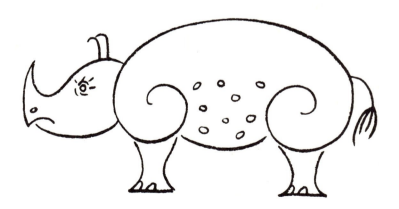

Der eine nennt es Nashorn bloß,
Der andre sagt Rhinozeros.

FLUSSPFERD

Aus diesem Ball auf Beinen macht

ein Tier, sehr plump und ungeschlacht.

Es nennt sich Flußpferd, lebt im Fluß
und heißt auch Hippopotamus.

PFAU

Ein kleines Auge, schwarz und weiß,

und Augen drumherum im Kreis.

So zeichnen wir, vergnügt und schlau,
den eitlen, aber schönen Pfau!

FISCHE

Zwei Flossen zeichne
flink und frisch!

Dann hast du
einen schönen Fisch!

Nun gleiten sie zu zwei und drei
an manchem andren Fisch vorbei.

ELEFANT

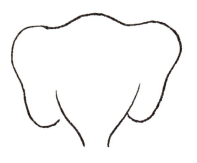

Mach ein Bäumlein mit der Hand;
wirst seh'n, das wird ein Elefant.

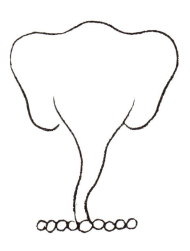

Mach den Stamm noch länger, und
lege Steinchen auf den Grund.
Denn die Steine, rund und klein,
sollen seine Zehen sein.

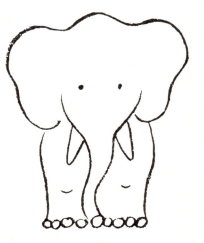

Zwei Zähne hier, zwei Augen da:

Der Elefant aus Afrika!

DINOSAURIER

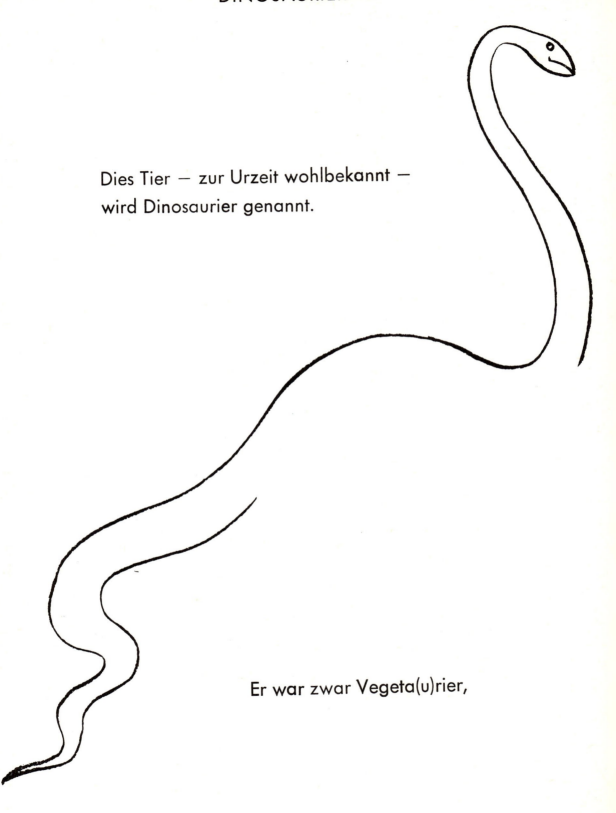

Dies Tier — zur Urzeit wohlbekannt —
wird Dinosaurier genannt.

Er war zwar Vegeta(u)rier,

jedoch sehr groß – der Saurier!

DER FABELGARTEN
Sieben Seiten Fabeltiere

ZENTAUREN

Zentauren, Kinder, nannte man,
was unten Pferd war, oben Mann.

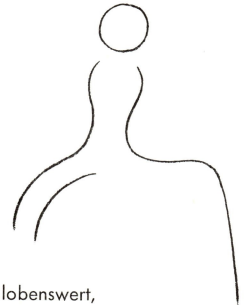

Als Mann fand er es lobenswert,
daß er so flink war wie ein Pferd.

Als Pferd fand er es gut und fein,
vernünftig wie ein Mann zu sein.

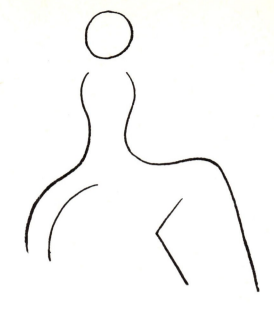

Wir sind heut' nicht so glücklich dran:
Denn Pferd ist Pferd; und Mann ist Mann!

EINHORN

Das Einhorn mit dem Bartgelock,
das war halb Pferd, halb Ziegenbock.

Doch heißt es Einhorn, weil ihm vorn
aus seiner Stirn entsprang ein Horn.

GREIF

Der Greif ist schwierig zu besingen:

Er hatte Adlers Kopf und Schwingen.

Sein Körper glich dem Löwen ganz.

Und eine Schlange war sein Schwanz.

PHOENIX

Der Vogel Phoenix, groß und mächtig,
war wahrhaft herrlich, wahrhaft prächtig!

Die Brust war roter als Rubin.
Und Diamanten krönten ihn.

Hellglänzend

wie das Sternenzelt
war er, wie niemand auf der Welt.

DER FABELGARTEN

Ein längst versunknes Gartenland
trug Wesen, fremd und unbekannt.
Zentauren sah man Flöte blasen.
Auch jagten sie auf grünem Rasen
das Einhorn, das sie oft von vorn
mutwillig stieß mit seinem Horn.
Man sah die Greife Wache sitzen,
um dieses Gartenland zu schützen.
Doch eines Tags, als sehnsuchtskrank
der Phoenix seine Flügel schwang,
geschah es, daß er Feuer fing
und in den Flammen ganz verging.
Der Garten wurd' an diesem Tage
zum Aschenhaufen und zur Sage.

(Das Bild ist nur zum Anschauen da.)

DER FABELGARTEN

DIE LÖSUNGEN DES BUCHSTABEN-RATE-SPIELS DER SEITEN 54 UND 55

Hier ist die Schildkröt' aus dem O,

  das Häschen hier aus B,

die Kätzchen hier aus QRS,

 der Papagei aus P!

 Hier ist der Fisch aus kleinem l

und hier der Vogel, klein und schnell.

Und hier aus M und W und W
und großem E und kleinem e,
sehr rundlich und sehr rein,
das Schwein!

TINTENFISCH

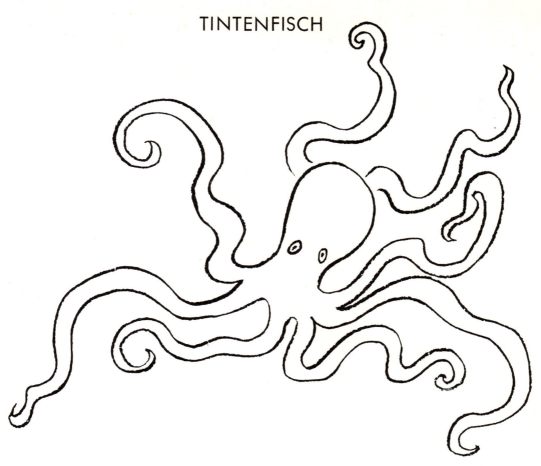

Der Tintenfisch mit seinen Armen
sieht wirklich aus zum Gotterbarmen.
Wie kennt sich so ein Meeresgraus
nur mit den vielen Armen aus?
Er zählt sie sicher jeden Morgen.
Denn: viele Arme, viele Sorgen!